사랑하는 내 아이를 위한

# 유아 세례와
# 자녀 교육 10계명

세상에서 가장 소중한

_____ 의

유아 세례를 준비하며

사랑하는 내 아이를 위한

# 유아 세례와 자녀 교육 10계명

송규의 · 신현미 지음

유아 세례 부모 교육서 | 유아 세례 앨범

올리브북스
Olive Books

# 사랑하는 자녀를 위한
# 축복 기도문

사랑과 은혜의 하나님!

하나님께서 ○○○ 손으로 하는 모든 일에 복을 주셔서

○○○가 많은 민족에게 꾸어줄지라도 꾸지 않게 하시고,

어느 곳에 있든지 형통하고, 예수님을 증거하고,

선한 영향력을 미치는 축복의 사람이 되게 하소서.

평생 하나님을 아버지로 섬기고, 주님을 본받게 하시고,

하나님에게 ○○○가 얼마나 소중한 사람인지 알게 하소서.

예수님의 겸손과 온유를 배워 사람들에게

칭찬과 사랑을 받는 ○○○가 되게 하소서.

성령님이 주시는 힘을 얻어 자신을 다스리게 하시고,

어려운 이웃을 배려하고 사랑하는 선한 마음을 주소서.

오직 하나님 안에서만 행복할 수 있음을 깨닫고,

하나님의 축복을 한없이 누리게 하시고,

섬기는 삶을 살게 하옵소서.

예수님의 이름으로 축복하며 기도합니다.

# 유아 세례 증서

이　름 :

생년월일 :

아　빠 :

엄　마 :

이 어린이는 성부와 성자와 성령의 이름으로

세례를 받고 _____ 교회의

유아 세례 교인이 되었음을 증명합니다.

주후　　　년　　월　　일

교회

세례 집례 목사 :

교회 사진 붙이기

사랑하는 _____은(는)

_____년 _____월 _____일 태어나 **내 자녀**가 되었고,

_____년 _____월 _____일 세례 받고 **하나님의 자녀**가 되었습니다.

세례 받은 교회 _____

세례식 사진 붙이기

세례 주신 _____ 목사님이
머리 위에 물을 부으면서 이렇게 말씀하셨어요.
"내가 성부와 성자와 성령의 이름으로
_____ 에게 세례를 주노라. 아멘"

| 들어가는 글 |

# 이 책의 목적과 사용 방법

자식은 하나님께서 주신 귀한 선물입니다. 부모는 아이를 하나님 말씀과 사랑으로 양육해야 할 의무가 있습니다. 그런데 아이를 키우다보면 자신도 모르게 기분에 따라 책망하고 잔소리하게 됩니다. 좋은 부모가 되기 위한 교육이 필요한 이유가 이 때문이고, 아이를 하나님 말씀대로 키우는 방법을 제시해 주는 것이 이 책의 목적입니다. 성경에는 예수님 닮아가도록 키우는 두 가지 방법이 제시되어 있습니다.

첫째, 예수님의 성장 과정 '네 가지 모습'입니다.

예수는 지혜와 키가 자라가며 하나님과 사람에게 더욱 사랑스러워 가시더라(누가복음 2:52).

이 말씀에는 전인교육이 담겨 있습니다. 지혜와 키는 지성과 신체이고 하나님과 사람에게 사랑스러워 가시는 모습은 영성과 사회성입니다.

둘째, 예수님이 아이들을 대하신 '세 가지 태도'입니다.

> 예수께서 보시고 노하시어 이르시되 어린 아이들이 내게 오는 것을 용납하고 금하지 말라 하나님의 나라가 이런 자의 것이니라 (중략) 그 어린 아이들을 안고 그들 위에 안수하시고 축복하시니라(마가복음 10:14-16).

용납하고, 안아주고, 축복하는 것은 예수님이 아이들을 대하는 방식이고 탁월한 성경적 양육방식입니다.

유아 세례는 아이가 그리스도인이 되는 중요한 신앙 의례이고, 부모에게는 소중한 신앙 체험이 될 것입니다. 목회자와 유아 세례인 부모와의 세 번의 만남을 통해, 예수님의 성장 과정과 예수님께서 아이들을 대하신 세 가지 태도를 배우고, 이를 적용하여 자기만의 자녀 교육 10계명을 만들 것입니다.

자녀 교육 10계명은 유아 세례 받을 때 하나님과 교인들 앞에서 읽으면 더욱 좋겠습니다. 유아 세례 교육 과정과 세례식이 기록된 이 책과 자녀 교육 10계명을 액자에 넣어 주면 평생 기억될 은혜로운 선물이 될 것이고, 아이를 하나님의 자녀로 양육하는 데 좋은 나침반이 될 것입니다.

 글 싣는 순서

이 책의 목적과 사용 방법     008

## 유아 세례 부모 교육
### 첫째 날

1장_ 유아 세례에 대하여     012

2장_ 엄마 아빠, 저는 사랑을 먹고 자랍니다     018

• 숙제: 유튜브에서 EBS〈아기 성장 보고서〉제3편 '애착' 시청하기

## 유아 세례 부모 교육
### 둘째 날

3장_ 엄마 아빠, 저는 매일 축복을 받아야     026
     훌륭한 사람이 될 수 있어요

4장_ 엄마 아빠, 저를 예수님처럼 훌륭하게 키워주세요     034

• 숙제: ① 내 부모의 양육방식 중 본받고 싶은 것과 본받고 싶지 않은 것 써오기.
      ② 나만의 자녀 교육 10계명 작성해 오기.

## 유아 세례 부모 교육
### 셋째 날

5장_ 자녀 교육 10계명 만들기     046

• 친지와 교인들의 축하 메시지

• 사랑하는 ___에게 보내는 축복의 편지

• 유아 세례 마지막 점검 및 준비

# 유아 세례 부모 교육
## 첫째 날

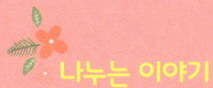

- 아이를 잉태했을 때 꾼 꿈이 있나요?
- 아이의 이름에는 무슨 의미가 있나요?
- 아이를 임신하고 출산할 때 힘들지 않았나요?

# 1장 유아 세례에 대하여

### 1. 유아 세례는 어떻게 시작되었을까요?

예수님이 세례 받으시고, 제자들에게 세례를 베풀라고 명령하셔서 세례가 시작되었습니다(마태복음 28:19). 그런데 아이들이 세례 받았다는 기록은 성경에 없습니다. 대신 루디아와 그의 온 집안사람들이 세례를 받았고, 빌립보 간수와 그 온 가족이 다 세례 받았다는 말씀에서(사도행전 16:14, 33) 유아와 아이들도 받았을 것으로 추측합니다. 우리는 예수님이 아이들을 얼마나 사랑하시는지 성경에서 찾아볼 수 있습니다.

> 어린이들이 내게로 오는 것을 허락하고 막지 말아라. 하나님의 나라는 이런 사람의 것이다. 내가 진정으로 너희에게 말한다. 누구든지 어린이와 같이 하나님의 나라를 받아들이지 않는 사람은 거기에 들어가지 못할 것이다(누가복음 18:16-17, 새번역).

어린아이는 스스로 예수님을 구주로 고백하지 못하기 때문에 엄마 아빠가 대신 신앙을 고백하고 하나님 말씀으로 양육합니다.

유아 세례 받는 나이는 1세부터 5세까지입니다. 부모나 후견인이 동의하고 세례식에 참석하면 세례 받을 수 있습니다.

### 2. 세례의 의미는 무엇일까요?

세례는 죄를 씻는 표시로 물에 잠기게 하거나 머리에 물을 떨어뜨리는 의식입니다. 예수님이 세례를 받으시고, 물에서 올라오시자 하늘이 활짝 열리더니 하나님의 영이 비둘기 같이 예수님에게 내려왔고 하늘에서 소리가 들렸습니다.

> 이는 내가 사랑하는 아들이다. 내가 그를 좋아한다(마태복음 3:17, 새번역).

세례를 통해 하나님은 나의 하나님이 되고, 나는 하나님의 자녀가 됩니다.

예수 믿는 사람은 두 번 태어납니다. 한 번은 엄마 몸에서 태어나 엄마 아빠의 자녀가 되고, 또 한 번은 세례를 통해 하나님 아버지의 자녀로 다시 태어납니다.

세례를 통해 우리는 모든 죄와 허물을 용서받고 예수 그리스도 안에서 새로운 사람이 됩니다. 처음 사람인 아담과 하와가 하나님 말씀에 불순종해서 생긴 원죄와 우리가 지은 모든 죄가 세례를 통해 깨끗하게 씻겨 집니다. 그리고 하나님의 자녀가 되어 하나님 나라 백성으로 살아가게 됩니다. 바울 사도가 설명하는 세례에 대해서 함께 읽어 볼까요.

세례를 받아 그리스도 예수와 하나가 된 우리는 모두 세례를 받을 때에 그와 함께 죽었다는 것을 여러분은 알지 못합니까? 그러므로 우리는 세례를 통하여 그의 죽으심과 연합함으로써 그와 함께 묻혔던 것입니다. 그것은, 그리스도께서 아버지의 영광으로 말미암아 죽은 사람들 가운데서 살아나신 것과 같이, 우리도 또한 새 생명 안에서 살아가기 위함입니다(로마서 6:3-4, 새번역).

### 3. 유아 세례는 놀라운 축복입니다.

**유아**는 세례를 통해 하나님의 자녀가 됩니다. 이제부터 영원토록 하나님이 아버지가 되셔서 돌보시고 인도하시고 축복하십니다. 또한 유아 세례인 **부모**는 하나님 말씀으로 양육할 것을 다짐합니다. 내 기분과 내 뜻대로 키우지 않고 하나님 아버지의 사랑과 하나님의 자녀로 키울 것을 하나님 앞에서 결심하는 것입니다.

그리고 **교회 공동체**는 유아 세례인을 교회 이름으로 환영하고 세례인 명부에 기록합니다. 교인들은 유아 세례인의 믿음이 잘 자라도록 기도해 주고 돌봐주겠다는 다짐을 합니다. **하나님**은 하나님 나라의 백성이 된 아이의 이름을 그분의 손바닥에 새기시고, 눈동자같이 지켜주시며, 예수님을 닮아가도록 이끌어 주십니다.

### 4. 세례 받을 때, 엄마 아빠의 문답

세례를 베푸는 목사님이 엄마와 아빠에게 묻습니다.

"사랑하는 이들이여, 당신들이 아이를 데리고 나와서 세례를 받게 함으로 하나님께 이 아이를 드려서, 주님의 교훈 가르치기를 결심하는 뜻으로 하나님과 교우들 앞에서 묻는 말에 대답하시기를 바랍니다."

(유아 세례 문답은 교단별로 문장의 차이가 있지만 같은 의미입니다. 이 책에는 감리교, 장로교, 성결교의 문답을 실었습니다. 함께 읽으면 더 큰 은혜가 될 것입니다.)

#### 감리교

(문 1) 여러분은 아이에게 세례를 베풂에 있어서, 예수 그리스도께서 우리의 구세주가 되심을 믿습니까?

(문 2) 여러분은 아이에게 세례의 의미를 가르치며, 성경을 읽고, 기도하며 예배에 참여하는 것과 그리스도인의 생활에 대하여 가르치겠습니까?

(문 3) 여러분은 아이에게 신앙의 모범을 보이며, 믿음으로 양육하며 하나님의 자녀 된 삶을 살아가도록 인도하겠습니까?

(문 4) 여러분은 아이가 예수 그리스도를 영접하고 거듭나서, 거룩한 교회의 성도가 될 때까지 교회의 가르침과 지도를 받을 수 있도록 인도하겠습니까?

## 장로교

(문 1) 여러분은 이 아이가 예수 그리스도의 피로 씻음을 받고 성령으로 거듭나는 은혜가 필요한 것을 인정하십니까?

(문 2) 여러분은 이 아이가 하나님 언약의 자손이며, 예수 그리스도를 믿음으로 구원 얻을 줄 믿습니까?

(문 3) 여러분은 지금 이 아이를 하나님께 바치며, 겸손한 마음으로 하나님 은혜를 의지하며, 이 아이에게 경건한 삶의 모범을 보이기를 힘쓰며, 이 아이를 위해 기도하며, 이 아이와 함께 기도하고, 거룩한 신앙의 바른 길을 가르치며, 이 아이를 주의 말씀과 교양으로 양육하기를 서약합니까?

## 성결교

(문 1) 여러분의 자녀에게 베푸는 세례를 통해 정결하게 하시는 예수 그리스도의 보혈의 능력과 새롭게 하시며 영화롭게 하시는 성령의 은총이 임재하실 것을 믿습니까?

(문 2) 여러분의 자녀에게 이후로 교회 성례의 의미를 가르치며 책임 있는 매일의 기도와 성경을 근거한 언행 모범의 경건생활과 예배 참여를 통해 하나님과 교회와 이웃을 사랑하는 참 그리스도인이 되도록 교훈과 훈련을 계속하겠습니까?

(문 3) 여러분의 자녀가 하나님 은혜로 장차 스스로 구원의 선물을 받아들이고 교회의 정회원이 될 때까지 교회의 가르침과 지도아래 양육하겠습니까?

이 물음에 "아멘"이라고 대답하면 세례가 베풀어집니다.

# 2장 엄마 아빠, 저는 사랑을 먹고 자랍니다

구약 성경과 신약 성경에서 말하는 자녀 교육은 다릅니다. 구약 성경 잠언에서 솔로몬은 사랑의 매를 강조하지만, 신약 성경에서 바울은 자녀를 노엽게 하지 말고 예수님 방식으로 양육하라고 합니다. 무엇을 따라야 할까요? 신약을 따라야 합니다.

## 1. 사랑의 매가 필요할까요?

아이의 마음에는 미련한 것이 얽혔으나 징계하는 채찍이 이를 멀리 쫓아내리라 (잠언 22:15).

채찍과 꾸지람이 지혜를 주거늘 임의로 행하게 버려 둔 자식은 어미를 욕되게 하느니라(잠언 29:15).

잠언에서는 아이들은 어려서 버릇이 없고 내버려 두면 부모를 욕되게 하므로 매로 교육해야 한다고 합니다.

유럽 국가들과 캐나다에서는 만 3세 이하의 영아 체벌과 12세 이상의 청소년 체벌을 엄격하게 금지합니다. 3세 이하의 영아는 도덕성이 발달하지 않았기 때문에 체벌의 효과가 없고, 12세 이상의 청소년은 체벌이 마음에 깊은 상처를 남기기 때문입니다. 3세 이상 12세 미만의 아이를 체벌할 때도 회초리가 아닌 손바닥으로 해야 하며, 머리와 얼굴 아닌 부위를 때려야 합니다.

잠언에서 말하는 사랑의 매 교육이 긍정적이었을까요? 솔로몬이 아들에게 남긴 글이 잠언입니다. 아마도 솔로몬은 아들 르호보암을 회초리로 양육했을 것입니다. 솔로몬의 뒤를 이어 왕이 된 르호보암에게 이스라엘 족장들은 부역과 매운 멍에를 가볍게 해달라고 간청합니다. 르호보암은 이렇게 말합니다.

> 내 아버지는 너희의 멍에를 무겁게 하였으나 나는 너희의 멍에를 더욱 무겁게 할지라
> 내 아버지는 채찍으로 너희를 징계하였으나 나는 전갈 채찍으로 너희를 징치하리라
> (열왕기상 12:14).

르호보암의 이런 태도 때문에 나라가 북이스라엘과 남유다로 나누어집니다.

자녀를 엄격하게 매로 다스리면 이중적이 될 수 있습니다. 부모가 있을 때와 없을 때가 다르고, 보이는 곳과 보이지 않는 곳에서의 행동이 다릅니다. 예수님은 바리새인을 회칠한 무덤이라고 했는데 이중적인 사람이라는 말입니다. 회칠한 무덤은 겉은 하얗고 깨끗하지만 속에서는 시체가 썩고 있습니다.

잠언 말씀처럼 채찍과 꾸지람이 필요한 때가 있습니다. 불장난을 하거나 위험한 물건을 만질 때, 다른 사람에게 피해를 줄 때는 아주 엄격해야 합니다.

### 2. 바울은 자녀를 노엽게 하지 말라고 했습니다.

바울 사도는 솔로몬보다 훨씬 부드럽고 따뜻한 교육 방식을 말합니다.

> 또 아비들아 너희 자녀를 노엽게 하지 말고 오직 주의 교훈과 훈계로 양육하라
> (에베소서 6:4).

자녀를 노엽게 하지 말라는 말씀은 상처를 주지 말라는 것입니다. 아이들에게 물어보십시오.
"가장 고통스러울 때는 언제니?"
99퍼센트가 엄마와 아빠 때문이라고 할 것입니다. 사랑하는 내 아이를 내가 가장 아프게 합니다. 부모가 매를 드는 이유는 잘못을 깨닫고 다시는 그릇된 행동을 하지 않기를 바라기 때문입니다. 그러나 아이는 '내가 잘못했구나. 다시는 그러지 말아야지' 하고 뉘우치는 것이 아닙니다. 오히려 마음의 상처를 받고 삐뚤어지거나 '나는 못됐어. 나는 엄마 아빠를 화나게 만드는 나쁜 아이야'라고 자신을 책망하며 부정적인 자화상(self-image)을 만들어 갑니다. 노여움을 많이 타는 아이는 부정적인 자화상이 마음에 새겨져 낮은 자존감을 갖게 됩니다.

바울 사도는 자녀를 노엽게 하지 말고 오직 주의 교양과 훈계로 양육하라고 했습니다. 예수님의 방법으로 양육하라는 것입니다. 예수님은 아이들을 어떻게 대하셨을까요?

### 3. 안아주고 축복해 주신 예수님

내가 진정으로 너희에게 말한다. 누구든지 어린이와 같이 하나님 나라를 받아들이지 않는 사람은 거기에 들어가지 못할 것이다. 그리고 예수께서는 어린이들을 껴안으시고, 그들에게 손을 얹어서 축복하여 주셨다(마가복음 10:15-16, 새번역).

부모들이 아이들을 예수님 앞으로 데리고 왔습니다. 아이들이 소란스럽게 떠들자 제자들이 야단칩니다. 예수님에게 오지 못하도록 가로막습니다. 이를 지켜보시던 예수님은 제자들에게 분노하셨습니다(마가복음 10:14).

예수님은 제자들에게 한 번도 분노한 적이 없습니다. 오직 이때뿐입니다. 예수님은 아이들을 야단치는 것을 참지 못하셨습니다. 아이들이 한없이 사랑받으며 자라기를 바라셨기 때문입니다. 아직도 사랑의 매가 필요하다고 생각하시나요?

**숙제** : 유튜브에서 EBS 〈아기 성장 보고서〉 제3편 '애착' 시청하기

- 애착의 의미와 '안정 애착과 불안정 애착의 차이'는?

- 18개월 이전에 형성된 부모와의 애착이 아이에게 미치는 영향은?

- 엄마는 아이의 안정 애착을 위해 어떻게 해야 할까요?

- 아빠는 아이의 안정 애착을 위해 어떻게 해야 할까요?

## 자녀를 위한 기도

하나님, 저로 훌륭한 부모가 되게 하옵소서
자녀를 이해할 수 있게 하시며
그들이 말하는 것을 진지하게 듣게 하시며
그들의 모든 질문에 부드럽게 대답할 수 있게 하옵소서.

저로 하여금 그들의 생각을 가로막거나 꾸짖지 말게 하시고
그들이 어리석은 행동과 실수를 할 때
비웃지 않도록 주장하여 주옵소서.

더욱이 제 자신의 만족이나 권위를 내세우려고
그들을 나무라는 일이 없도록 다스려 주옵소서.

매순간 저의 말과 행동을 통제하여 주시고
저의 정직함이 아이들의 정직함으로 이어지게 하옵소서.

제 기분이 언짢을 때에 저의 입술을 지켜주시고
그들이 어린아이라는 사실과
그들이 어른과 같이 행동할 수 없다는 것을
항상 기억하게 하옵소서.

그들 자신이 스스로 결정을 내릴 때까지
기회를 허락하는 참을성을 제게 주시고
아이 스스로가 옳고 그름을 판단하게 하옵소서.

저로 따스하고 바르며 친절한 부모가 되게 하시고
존경받고 본이 되는 부모가 되게 하옵소서.

_ 반 부덴

# 유아 세례 부모 교육
## 둘째 날

나누는 이야기

- 부모인 나는 불안정 애착에 가깝나요, 안정 애착에 가깝나요? 그렇게 생각하는 이유는 무엇인가요?
- 부모님에게서 들은 부정적인 말이 내 몸에 배어 있어서 아이한테 그렇게 하는 것입니다. 그렇게 하지 않으려면 어떻게 해야 할까요?
- 예수님의 양육방식으로 예수님을 닮아가도록 키우는 나만의 '자녀 교육 10계명'을 만들어 봅시다.

## 3장 엄마 아빠, 저는 매일 축복을 받아야 훌륭한 사람이 될 수 있어요

예수께서 보시고 노하시어 이르시되 어린 아이들이 내게 오는 것을 용납하고 금하지 말라 하나님의 나라가 이런 자의 것이니라 내가 진실로 너희에게 이르노니 누구든지 하나님의 나라를 어린 아이와 같이 받들지 않는 자는 결단코 그 곳에 들어가지 못하리라 하시고 그 어린 아이들을 안고 그들 위에 안수하시고 축복하시니라 (마가복음10:14-16).

이 말씀에는 예수님이 아이들을 대하는 세 가지 태도가 나옵니다.

### 1. 용납하라: 용납하며 키우기

아이들이 떠들고 장난치고 실수하는 것을 용납하라는 것입니다. 예수님이 우리의 허물

을 용서하고 받아들이는 것처럼 부모도 자녀를 용납해야 합니다.

어린 시절 부모로부터 무조건적인 사랑과 용납을 받아보지 못한 부모는 아이를 용납하기가 쉽지 않습니다. 이 부분에 대해서 예수님께 기도해야 합니다.

부모가 참아주고 받아주고 용서한다는 것을 자녀도 잘 알고 있습니다. 특히 만 3살 이하의 아이는 윤리의식이 발달하기 전입니다. 알면서도 못된 짓을 하는 것 같지만 자신의 욕구에 충실한 행동일 뿐입니다. 만 5살은 되어야 도덕성이 생깁니다.

아이들에게는 충분히 좋은 엄마(Good enough mother)와 아무 조건 없는 사랑이 필요합니다. 무조건적인 사랑 속에서 자랄 때, 아이는 자신이 소중하고 사랑받기 위해 태어난 특별한 존재임을 깨닫게 됩니다. 물론 단호하게 대할 때도 있습니다. 아이가 위험에 처할 수 있거나 다른 사람에게 피해가 될 때에는 단호하고 엄격해야 합니다.

① 사소한 잘못은 덮어 주겠습니다.

무엇보다도 뜨겁게 서로 사랑할지니 사랑은 허다한 죄를 덮느니라(베드로전서 4:8).

아이가 저지르는 대부분의 잘못은 무의식적으로 하는 것이 많습니다. 아이는 실수와 잘못을 통해 인생을 배웁니다. 지나친 제재는 창의력 없는 아이로 자라게 합니다. 자꾸 잔소리하면 주눅 들거나, 반발심이 생겨 독선적인 아이가 될 수 있습니다. 사소한 잘못은 못 본 척 덮어 주는 것이 좋습니다. 부모는 아이에게 관대해야 합니다.

② 시행착오를 두려워하지 않는 아이로 키우겠습니다.

아이들은 실수와 실패를 통해서 배웁니다. 이런 과정 속에서 자신감과 창의력이 생깁니다. 위험하지 않다면 스스로 배우고 깨달을 수 있도록 기다려 주는 것이 좋습니다.

③ "왜"라는 지적 대신에 "~구나"라고 공감해 주겠습니다.

"왜"는 비난과 잔소리를 부르는 말입니다. 감정을 읽어주고 공감해 주면 아이는 존중받고 사랑받는다고 느끼고, 스스로 자신의 행동을 고칩니다. 아이는 문제 해결보다는 공감을 더 원합니다. 부모가 공감해 줄 때 아이는 행복하고 만족감 높은 인생을 살아갑니다.

## 2. 안아주고 안수하라: 자주 안아주기

예수님은 아이들을 안아주셨고 안수해 주셨습니다. 안수는 한자로 어루만질 안(按)자에 손 수(手)를 씁니다. 기도와 사랑으로 어루만지는 것이 안수입니다.

안아주는 것은 축복의 시작입니다. 뽀뽀해 주고, 쓰다듬고, 안아주면 육체적인 복을 받습니다. 아이를 어루만져주면 호흡, 심장박동, 혈당처럼 사람의 의지로 제어할 수 없는 자율신경계가 안정된다는 보고가 있습니다. 안정감을 느끼며 건강하게 자라는 아이는 부모와 친밀해지고, 자신감과 자아 존중감(self-esteem)이 높아집니다. 하나님께서 부모의 손길을 통해 아이를 축복하시기 때문입니다.

많은 재산을 물려주는 것이 복이 아닙니다. 오히려 물려준 재산이 자녀에게 독이 될 수 있습니다. 자주 안아 주고 기도해 주면 인격과 신앙이 아름답게 성장합니다. 그리고 풍요로운 인생을 살아갈 것입니다.

① 자주 안아주고 기도해 주겠습니다.

따뜻한 마음으로 안아주면 아이들은 사랑과 안정감을 느낍니다. 포옹은 두려움을 완화시키고, 스트레스를 해소하고 행복한 감정을 느끼게 합니다. 포옹을 많이 받은 아이는 밝고 대인관계 또한 원만합니다. 예수님이 내 아이를 꼭 안아주시는 것처럼 자주 안아주세요.

② 몸으로 놀아주겠습니다.

몸으로 놀아줄 때 아이와 깊은 정서적 교감을 나눌 수 있습니다. 아이가 정서적으로 불안하거나 지나치게 의존적이고 소심할 때, 엄마 아빠와 함께하는 몸 놀이는 아이의 마음을 치료합니다. 아이와 놀다보면 엄마 아빠의 스트레스 또한 해소됩니다.

③ 가정을 따뜻한 안식처로 만들겠습니다.

아이들이 살아갈 세상은 결코 만만하지 않습니다. 경쟁 속에서 비교되고 실패와 상처를 받을 수 있습니다. 가정은 위로받고 새 힘을 얻는 따뜻한 곳임을 느끼게 해주세요. 아이가 외출하거나 집에 들어 올 때 꼭 안아주고 축복해 주세요.

### 3. 축복하라: 축복으로 키우기

사랑한다고, 너는 참으로 소중한 내 아들이고 딸이라고, 하나님께서 너를 축복하실 거라고, 너는 훌륭한 사람이 될 거라고 날마다 축복해 주세요. 내 뜻대로 자녀가 되는 것은 아니지만, 믿음대로 자라고 축복한 대로 하나님께서 복 주십니다. 축복으로 키우면 하나님을 사랑하고 이웃을 사랑할 줄 하는 아이로 성장할 것입니다.

① 날마다 축복 기도를 하겠습니다.

여호와는 네게 복을 주시고 너를 지키시기를 원하며 여호와는 그의 얼굴을 네게 비추사 은혜 베푸시기를 원하며 여호와는 그 얼굴을 네게로 향하여 드사 평강 주시기를 원하노라(민수기 6:24-26).

이 말씀에 아이 이름을 넣어서 매일 축복 기도를 해주세요. "여호와는 ○○에게 복을 주시고 ○○를 지키시기를 원하며…" 이 기도가 쌓여서 하나님 축복의 주인공이 될 것입니다.

② 말에 축복을 담겠습니다.

나쁜 말은 입 밖에 내지 말고, 덕을 세우는 데에 필요한 말이 있으면, 적절한 때에 해서, 듣는 사람에게 은혜가 되게 하십시오(에베소서 4:29, 새번역).

복이 있는 가정인지 아닌지는 말을 보면 알 수 있습니다. 말이 따뜻하고 칭찬과 격려가

담겨 있으면 복 있는 가정입니다. 축복이 사라진 가정은 말에 사랑이 없습니다. 늘 가시 돋쳐 있고 신경질과 짜증, 비난과 책망과 잔소리로 가득 차 있습니다. 칭찬의 기적을 믿고 축복해 주세요. 하나님의 축복을 말에 담아 아이 마음속에 차곡차곡 쌓이게 해주세요.

### ③ 꿈을 크게 그려주겠습니다.

자녀는 하나님께서 우리에게 주신 가장 소중한 선물임을 기억하며, 아이가 하나님의 사람으로 귀하게 자라도록 축복해야 합니다. 아이의 작은 꿈도 존중하고 귀하게 여겨야 합니다.

내 습관대로 키우면 나보다 더 훌륭하게 키울 수 없습니다. 하나님의 마음으로 꿈을 크게 그려주며 능력 있는 아이로 성장하도록 잘 도와주어야 합니다.

## 자녀를 위한 기도

주여, 제 아이가 이런 사람이 되게 하소서.
약할 때 자신을 분별할 수 있는 힘과
두려울 때 자신을 잃지 않는 용기를 주시고
정직한 패배에 부끄러워하지 않고 당당하며
승리에 겸손하고 온유할 수 있는 사람이 되게 하소서.
평탄하고 안이한 길이 아니라 고난과 도전의 길로 인도해 주셔서
폭풍우 속에서도 분연히 일어설 줄 알고
넘어지는 사람들에 대한 연민을 배우게 하소서.
맑은 마음과 높은 이상을 갖고
남을 다스리기 전에 자신을 먼저 다스리며
내일을 내다보는 동시에 과거를 잊지 않게 하소서.
또한 생활의 여유를 갖게 하셔서
인생을 엄숙히 살아가면서도 삶을 즐길 줄 아는 마음과
교만하지 않은 겸손한 마음을 갖게 하소서.
참으로 위대한 것은 소박한 데 있다는 것과
참된 힘은 너그러움에 있다는 것을 알게 하소서.
그리하여 그의 아비 된 저도 헛된 인생을 살지 않았노라고
나직이 속삭이게 하소서.

_ 더글러스 맥아더

# 4장 엄마 아빠, 저를 예수님처럼 훌륭하게 키워주세요

예수는 지혜와 키가 자라가며 하나님과 사람에게 더욱 사랑스러워 가시더라

(누가복음 2:52).

예수님에 대한 이 말씀에는 전인교육의 핵심이 담겨 있습니다. 전인교육은 몸과 마음과 지성과 인격이 조화롭게 잘 자라도록 하는 것입니다.

예수님은 지혜가 자라가고(지성) 키가 자라가고(건강) 하나님에게 사랑스러워 가고(영성) 사람에게 사랑스러워 가도록(사회성) 자랐습니다. 자녀를 이렇게 키우려면 어떻게 해야 할까요?

### 1. 지혜가 자라가며: 지혜가 자라도록 키우기

모든 부모에게는 아이를 잘 키우고 싶을 욕심이 있습니다. 영어도 수학도 운동도 잘하기를 원합니다. 그래서 온갖 학원에 보냅니다. 국제학력성취도평가(PISA)에서 우리나라 학생들의 성적은 최상위권이지만 학업 흥미도는 최하위입니다. 성적은 높은데 흥미는 없습니다. 억지로 공부하기 때문입니다. 흥미가 있고 즐기면서 해야 창의력이 발휘됩니다.

지혜는 호기심을 키워주어야 자라납니다. 남보다 잘하기보다 남과 다르게 하려는 창조성이 지혜를 키웁니다.

① 함께 많이 웃겠습니다.

> 내가 이것을 너희에게 이름은 내 기쁨이 너희 안에 있어 너희 기쁨을 충만하게 하려함이라(요한복음 15:11).

> 하나님이 나를 웃게 하시니 듣는 자가 다 나와 함께 웃으리로다(창세기 21:6).

하나님은 웃음과 기쁨이 가득하십니다. 웃음에는 근심, 미움, 원망이 사라지게 하는 힘이 있습니다. 웃음이 없으면 기쁨이 사라지고, 근심과 불평이 생겨 마음이 뾰족해집니다. 그리고 하나님과 건강을 잃어버릴 수 있습니다. 아이들과 많이 웃으세요. 아이들은 웃음을 통해 삶의 여유와 지혜를 배웁니다. 그리고 예수님의 기쁨을 소유하게 됩니다.

② 책을 많이 읽어주고, 성경 이야기를 들려주겠습니다.

　텔레비전과 스마트폰을 가까이하면 정서가 메말라가지만, 책을 가까이하면 지혜롭고 교양 있는 아이가 됩니다. 아이와 함께 서점이나 도서관에 자주 갑시다. 책을 읽어 주고, 성경 이야기를 많이 들려줍시다. 아이에게 성경 이야기는 지혜가 되고 믿음이 되고 인생의 큰 힘이 될 것입니다.

③ 질문을 귀찮아하지 않겠습니다.

　질문은 모든 사고의 출발점입니다. 아이들의 질문은 대부분 엉뚱합니다. 그러나 엉뚱한 질문은 창의력의 시작입니다. 아이에게 정답을 제시하기보다는 좋은 질문으로 호기심과 지혜를 자극해 주세요.

④ 아이 스스로 하도록 기회를 주겠습니다.

　아이 스스로 결정하고 자신의 생각을 스스럼없이 이야기할 수 있어야 합니다. 아이가 좋아하는 옷이나 장난감, 놀이 등 사소한 부분까지 부모가 선택해 주기보다는 선택할 수 있는 기회를 주어야 합니다. 안전과 관련된 것이 아니라면 아이의 선택을 존중해 줍시다. 스스로 선택하고 결정하는 아이는 자기 자신을 신뢰하는 능동적인 아이로 성장하게 됩니다. 다만 선택한 것에 대해서 책임지도록 교육할 필요는 있습니다.

### 2. 키가 자라가며: 건강하게 키우기

건강한 육체에 건강한 정신이 깃듭니다. "키가 자라가며"는 예수님이 육체적으로도 건강하게 성장했다는 의미입니다.

요즘 아이들은 키도 크고 몸집도 좋습니다. 그런데 체력과 근력, 면역력은 약합니다. 외적으로는 건강하게 보이지만, 내적으로는 허약합니다.

아이들과 함께하는 놀이와 운동은 중요합니다. 가족이 함께하는 운동은 건강뿐만 아니라, 화목한 가정이 되게 합니다. 잘 노는 아이들이 건강하고 사회성도 좋습니다. 컴퓨터 게임이나 스마트폰에 빠져 있으면 몸도 마음도 병들 수밖에 없습니다.

① 집에서 사랑으로 만든 건강한 음식을 먹이겠습니다.

인스턴트식품은 중성지방과 고밀도 콜레스테롤을 증가시키는 원인이 됩니다. 인스턴트식품이나 자극적인 맛에 길들여지면 일찍부터 각종 성인병에 노출될 수 있고, 몸에 좋은 음식을 꺼리게 됩니다. 엄마 아빠가 만든 안전하고 건강한 먹거리로 아이를 키우세요.

② 아이와 함께 자주 운동을 하겠습니다.

등산, 조깅, 축구, 배구, 배드민턴 등을 아이들과 함께하면 몸도 건강해질 뿐만 아니라, 관계 또한 친밀해지고 자신감도 생깁니다.

### 3. 사람에게 더욱 사랑스러워 가며: 사람에게 사랑스럽게 키우기

어린 시절 부모와의 관계는 아이의 성격과 삶의 태도에 큰 영향을 미칩니다. 관계가 좋은 사람은 사회적으로 성공할 뿐만 아니라, 행복하게 삽니다. 행복은 관계 속에 있기 때문입니다. 예수님도 우리들 관계 속에 천국이 있다고 하셨습니다(누가복음 17:21).

부부가 갈등하거나 부모와 갈등이 있으면 집이 싫을 것입니다. 집이 초라해서가 아니라 관계가 좋지 않기 때문입니다. 살아가면서 겪는 대부분의 불행은 관계 때문입니다. 사회성 좋은 아이로 키우려면 어떻게 해야 할까요?

첫째, 부모가 좋은 관계의 본을 보여야 합니다.
둘째, 아이의 이야기를 잘 들어주어야 합니다.
셋째, 아이 감정을 헤아려 주어야 합니다. 화를 내거나 짜증을 내도 아이의 감정을 존중해 주세요. 지혜로운 부모는 아이를 변화시키기보다 아이 스스로 변화되도록 도와줍니다.

① 섬기는 본을 보이겠습니다.

> 주이며 선생인 내가 너희의 발을 씻겨 주었으니, 너희도 서로 남의 발을 씻겨 주어야 한다(요한복음 13:14, 새번역).

부모에게 귀찮은 일은 자녀에게도 시키지 마세요. 먼저 본을 보이세요. 자녀는 부모의 말을 통해 배우는 것이 아니라, 행동을 통해 배웁니다. 아이는 열 개를 들으면 한 개만 기억하고, 열 개를 보면 여섯 개를 기억한다고 합니다.

### ② 잘 들어주고 공감해 주겠습니다.

> 누구든지 듣기는 빨리 하고, 말하기는 더디 하고, 노하기도 더디 하십시오(야고보서 1:19, 새번역).

내가 하고 싶은 말보다 아이의 말에 귀 기울여 주고 마음을 받아주세요. 그러면 사랑받는 아이로 성장할 것입니다.

### ③ 좋은 추억을 많이 만들겠습니다.

자녀들과 자주 여행을 하고, 다른 사람과 어울릴 기회를 만듭시다. 여행은 다른 문화와 환경에 눈을 뜨게 하고, 다양한 사람들을 만날 수 있는 계기가 됩니다.

### ④ 부부의 사랑이 최고의 양육 환경이 되게 하겠습니다.

부부가 행복한 가정이 천국입니다(누가복음 17:21). 부부의 사랑과 축복이 충만한 가정에서 자라는 아이들의 마음은 천국입니다. 행복은 관계 속에서 피어납니다. 관계가 좋으면 천국이고, 나쁘면 지옥입니다. 관계를 만들어가는 것은 마음입니다. 마음이 아프면 관계 또한 원만하지 않습니다. 마음을 곱게 자라게 하는 곳이 가정입니다. 엄마 아빠의 사랑 속에서 마음이 건강한 아이로 키우세요.

### 4. 하나님에게 사랑스러워 가며: 하나님에게 사랑스럽게 키우기

아이의 키와 지혜가 자라고 사람에게 더욱 사랑스러워 가더라도 하나님에게 사랑받지 못하면 아무 소용이 없습니다. 어떻게 하면 하나님을 사랑하고 하나님의 사랑을 받을 수 있을까요? 아이를 재울 때, 자장가로 찬송가를 불러주세요.

"주 안에 있는 우리 아가 딴 근심 있으랴"(찬송 370장). 이 정도가 좋습니다. 또 인류의 지혜 유산인 아브라함, 요셉, 모세 등 성경 이야기를 들려주세요. 어린이 성경이나 성경 동화책을 사용해도 좋습니다.

기도를 가르쳐 주세요. 주기도문을 할 수 있도록 도와주고, 식사 기도를 맡겨 보세요. 가정 예배를 드리고 주일성수를 가르쳐야 합니다. 이 모든 것은 엄마 아빠가 먼저 본을 보여야 합니다. 바울처럼 아이들에게 이렇게 말할 수 있으면 좋겠습니다.

> 내가 그리스도를 본받는 자가 된 것 같이 너희는 나를 본받는 자가 되라(고린도전서 11:1).

아이에게 하나님 말씀과 예배와 헌금에 대해 가르치는 것은 매우 중요합니다. 하나님과 친밀한 사람으로 자라면 하나님이 함께하신다는 믿음으로 자존감이 높고, 용기 있는 사람이 됩니다. 어려움 속에서도 쉽게 좌절하지 않고 믿음으로 헤쳐 나가는 소중하고 가치 있는 인생을 살아갈 것입니다.

① 예수님 닮아가도록 본을 보이겠습니다.

예수님을 닮아가는 것이 영성입니다. 하나님에게 사랑스러운 사람이 예수님을 닮아가는 사람입니다. 예수 안에서 나는 죽고 예수로 살아가도록 믿음의 본을 보여야 합니다.

### ② 하나님의 영광을 위해 살게 하겠습니다.

> 그러므로 여러분은 먹든지 마시든지, 무슨 일을 하든지, 모든 것을 하나님의 영광을 위하여 하십시오(고린도전서 10:31, 새번역).

하나님의 영광을 위해 사는 아이는 하나님께서 영광스럽게 만들어 주십니다. 인생을 낭비하지 않고, 하나님을 사랑하고 이웃을 사랑하는 참된 인생을 살아가게 됩니다.

### ③ 기도를 가르치겠습니다.

세상에 무릎 꿇지 않으려면 하나님에게 무릎 꿇는 법을 배워야 합니다. 기도는 세상을 움직이는 힘이며 모든 일을 변화시키는 능력입니다. 기도 속에서 하나님의 위로를 받고, 기도 속에서 꿈꾸고, 기도 속에서 힘과 지혜를 얻도록 기도를 가르쳐야 합니다.

### ④ 예배를 귀하게 여기도록 가르치겠습니다.

하나님은 예배를 귀하게 여기는 사람을 귀히 여깁니다. 우리는 예배를 통해 마음이 정결해지고, 깨달음을 얻고 은혜를 받습니다. 주일 성수와 가정 예배를 통해 하나님을 경외하고 세상을 이길 힘을 얻도록 도와야 합니다.

**숙제** : 내 부모의 양육방식 중 본받고 싶은 것과 본받고 싶지 않은 것 써오기.

### 본받고 싶은 양육방식

| 아빠 | | 엄마 | |
|---|---|---|---|
| 1 | | 1 | |
| 2 | | 2 | |
| 3 | | 3 | |

### 본받고 싶지 않은 양육방식

| 아빠 | | 엄마 | |
|---|---|---|---|
| 1 | | 1 | |
| 2 | | 2 | |
| 3 | | 3 | |

**숙제** : 나만의 자녀 교육 10계명 작성해 오기.

# 유아 세례 부모 교육
## 셋째 날

나누는 이야기

- 내 부모에게 본받고 싶은 양육방식은 무엇인가요?
- 본받고 싶지 않은 양육방식은 무엇이고 어떻게 바꾸고 싶습니까?

# 5장 자녀 교육 10계명 만들기

### 1. 자녀 교육 10계명 작성 방법

자녀 교육 10계명에는 예수님을 닮아가는 아이로 키우겠다는 의지와 실행 가능하고 실천하겠다는 결심이 담겨 있어야 합니다. 막연한 말보다 구체적으로 작성하는 것이 좋습니다. 예수님의 네 가지 모습과 세 가지 태도에서 '내 아이를 위한 자녀 교육 10계명'을 새롭게 만들어 봅시다.

첫째, 용납하기
① 사소한 잘못은 덮어 주겠습니다.
② 시행착오를 두려워하지 않는 아이로 키우겠습니다.
③ "왜"라는 지적 대신에 "~구나"라고 공감해 주겠습니다.

둘째, 안아주고 안수해 주기

① 자주 안아주고 기도해 주겠습니다.

② 몸으로 놀아주겠습니다.

③ 가정을 따뜻한 안식처로 만들겠습니다.


셋째, 축복하기

① 날마다 축복 기도를 하겠습니다.

② 말에 축복을 담겠습니다.

③ 꿈을 크게 그려주겠습니다.


넷째, 예수님처럼 지혜롭게 키우기

① 함께 많이 웃겠습니다.

② 책을 많이 읽어주고, 성경 이야기를 들려주겠습니다.

③ 질문을 귀찮아하지 않겠습니다.

④ 아이 스스로 하도록 기회를 주겠습니다.


다섯째, 예수님처럼 건강하게 키우기

① 집에서 사랑으로 만든 건강한 음식을 먹이겠습니다.

② 아이와 함께 자주 운동을 하겠습니다.

여섯째, 예수님처럼 사람들에게 더욱 사랑스러워지기
① 섬기는 본을 보이겠습니다.
② 잘 들어주고 공감해 주겠습니다.
③ 좋은 추억을 많이 만들겠습니다.
④ 부부의 사랑이 최고의 양육 환경이 되게 하겠습니다.

일곱째, 예수님처럼 하나님에게 사랑스러워지기
① 예수님을 닮아가도록 본을 보이겠습니다.
② 하나님의 영광을 위해 살게 하겠습니다.
③ 기도를 가르치겠습니다.
④ 예배를 귀하게 여기도록 가르치겠습니다.

### 2. 자녀 교육 10계명 예시

위의 내용을 중심으로 만든 자녀 교육 10계명입니다.

① 사소한 잘못은 덮어 주겠습니다.
② "왜"라는 말 대신에 "~구나"라는 공감의 말을 쓰겠습니다.
③ 자주 안아주겠습니다.
④ 날마다 축복 기도를 하겠습니다.

⑤ 책을 많이 읽어주고, 성경 이야기를 들려주겠습니다.
⑥ 아이와 함께 자주 운동을 하겠습니다.
⑦ 섬기는 본을 보이겠습니다.
⑧ 부부의 사랑이 최고의 양육 환경이 되게 하겠습니다.
⑨ 기도와 예배를 가르치겠습니다.
⑩ 예수님을 닮아가도록 본을 보이겠습니다.


**강영우 박사의 자녀 교육 10계명**

① 역경을 도전의 기회로 삼아라.
② 인생의 장기적 목적을 설정하라.
③ 자신의 존재가치를 발견하라
④ 분명한 비전을 품어라.
⑤ 역할모델을 가져라.
⑥ 세계화 시대에 알맞은 가치관을 정립하라.
⑦ 같은 가치를 추구하는 집단에 소속하라.
⑧ 결코, 결코, 결코, 포기하지 말라.
⑨ 타고난 능력을 계발하라.
⑩ 최선의 것을 주어라.

## 3. 내 자녀를 위한 <자녀 교육 10계명> 만들기

위에서 제시한 것을 참고해서, 평소 자녀 교육에 대해 생각하고 있는 것들을 바탕으로 내 아이에게 꼭 맞는 10계명을 만들어 보세요.

① 

② 

③ 

④ 

⑤ 

⑥ 

⑦ 

⑧ 

⑨ 

⑩

**4. 나의 자녀 교육 10계명을 다른 부모들과 나누기**

· 자녀 교육 10계명을 작성하면서 깨달은 것은 무엇인가요?

· 다른 부모들과 자녀 교육 10계명을 나누면서 느낀 점은 무엇인가요?

## 친지와 교인들의 축하 메시지

사랑하는 〰〰〰 에게
보내는 축복의 편지

## 유아 세례
## 마지막 점검 및 준비

♥ 유아 세례는  월  일 예배 때 베풀어집니다.

★ 예배 15분 전에 오셔서 아이 명찰을 달고 기도로 준비해 주세요.

♣ 자녀 교육 10계명을 제출 받아 유아 세례 사진과 함께 액자에 넣어 주면 좋은 선물이 될 것입니다.

✚ 교회에서 이 책을 유아 세례 증서로 쓸 경우에는 세례 증서를 작성하고, 세례 사진을 붙이면 세상에 하나뿐인 유아 세례 앨범이 됩니다.

사랑하는 내 아이를 위한
## 유아 세례와
## 자녀 교육 10계명

**첫판 1쇄** 펴낸날 2018년 5월 10일
**첫판 6쇄** 펴낸날 2024년 12월 30일

**지은이** 송규의·신현미
**편집·발행인** 김은옥
**디자인** 황지은
**본문 그림** 이우림
**펴낸곳** 올리브북스

**주소** 인천시 부평구 부평대로 153
**전화** 032-233-2427
**이메일** olivebooks@naver.com
**블로그** blog.naver.com/olivebooks
**인스타그램** instagram.com/olivebooks_publisher
**출판등록** 제387-2007-00012호(2007년 5월 21일)

**ISBN** 978-89-94035-36-9 03230

이 책의 저작권은 저자와 올리브북스에 있습니다. 저작권법에 의해 보호받는 저작물이므로 저자와 출판사의 서면 동의 없이 내용의 일부를 인용하거나 발췌하는 것을 금합니다.

이 도서의 국립중앙도서관 출판예정도서목록(CIP)은 서지정보유통지원시스템 홈페이지(seoji.nl.go.kr)와 국가자료공동목록시스템(www.nl.go.kr/kolisnet)에서 이용하실 수 있습니다. (CIP제어번호: CIP2018012284)

세상은 행동하는 사람에 의해 움직입니다. 소중한 경험, 따뜻한 시선을 가진 원고, 참신한 기획의 소재가 있으신 분은 올리브북스와 의논해 주십시오. 그 원고가 세상의 소금과 빛이 될 수 있도록, 최고의 책으로 빛날 수 있도록 정성을 다하겠습니다.

**총판 기독교출판유통** | 031-906-9191(전화), 0505-365-9191(팩스)